yì dī lèi
一滴泪

[原著] 从眼泪到海洋

[Original Title] From Tears to the Sea

作者/插图：黄坤

Author/Illustrator: Alexandra Huynh

翻译：顾子

Translator: Zi Gu

DENT
TO DUPONT CIRCLE
26th
337-2288
MILL
ROCK CREEK

A Note on Water Conservation

Our waters are being polluted. Our oceans are being dumped with trash, and our sewer pipes are being pumped with harmful chemicals. Today, only about 3% of Earth's water is freshwater and that number is steadily declining. That is why it is so important to conserve water.

Conserving water means using our water supply wisely and responsibly. Reducing the amount of water you use improves your carbon footprint. It also helps our animal friends in the wetland.

guān yú shuǐ yuán bǎo hù
关于水源保护

wǒ men de shuǐ yù zhèng zài bèi wū rǎn wǒ men de hǎi yáng bèi qīng dào lā
我们的水域正在被污染，我们的海洋被倾倒垃
ji wǒ men de xià shuǐ guǎn daò bèi shèn rù yǒu hài de huà xué wù jīn tiān
圾，我们的下水管道被渗入有害的化学物。今天，
dì qiú shàng zhǐ yǒu dà yuē de shuǐ shì dàn shuǐ ér zhè ge shù zì hái zài
地球上只有大约3%的水是淡水，而这个数字还在
zhú bù xià jiàng zhè jiù shì wèi shén me bǎo hù shuǐ yuán rú cǐ zhòng yào
逐步下降。这就是为什么保护水源如此重要。

bǎo hù shuǐ yuán yì wèi zhe míng zhì jí fù zé de shǐ yòng wǒ men de gòng
保护水源意味着明智及负责地使用我们的供
shuǐ jié yuē yòng shuǐ kě yǐ gǎi shàn tàn zú jì hái huì bāng zhù wǒ men qī xī
水。节约用水可以改善碳足迹，还会帮助我们栖息
zài shī dì de dòng wù péng yǒu men
在湿地的动物朋友们。

To Mom and Dad

wǒ shì yì dī lèi, è yǘ yǎn zhōng cáng

我是一滴泪，鳄鱼眼中藏

I am the Tear behind a crocodile's eye

wǒ shì yí gè xiǎo chí táng
我是一个小池塘，

shài zhe tài yáng
晒着太阳

I am the **Pond**
basking in sunlight

TOAD
GREASE

wǒ shì yí piàn hú, yǔ nǐ gòng wǔ zài yì fāng

我是一片湖，与你共舞在一方

I am the Lake dancing on a throne

wǒ shì yì tiáo xiǎo xī, mó lì zhe jiān shí

我是一条小溪，磨砺着坚石

I am the Creek eroding the stones

wǒ shì yì tiáo hé, bǎ mì mì chuán xiàng yuǎn fāng

我是一条河，把秘密传向远方

I am the River sending secrets away

JOEY

wǒ shì pāi dǎ zhe hǎi wān yì pái yòu yì pái de jù làng

我是拍打着海湾一排又一排的巨浪

I am the Wave crashing down on the bay

wǒ shì pù bù, yí yuè qiān lǐ

我是瀑布，一跃千里

I am the Waterfall taking one big leap

wǒ shì hǎi yáng, shēn bú jiàn dǐ

我是海洋，深不见底

I am the Ocean hiding in the deep

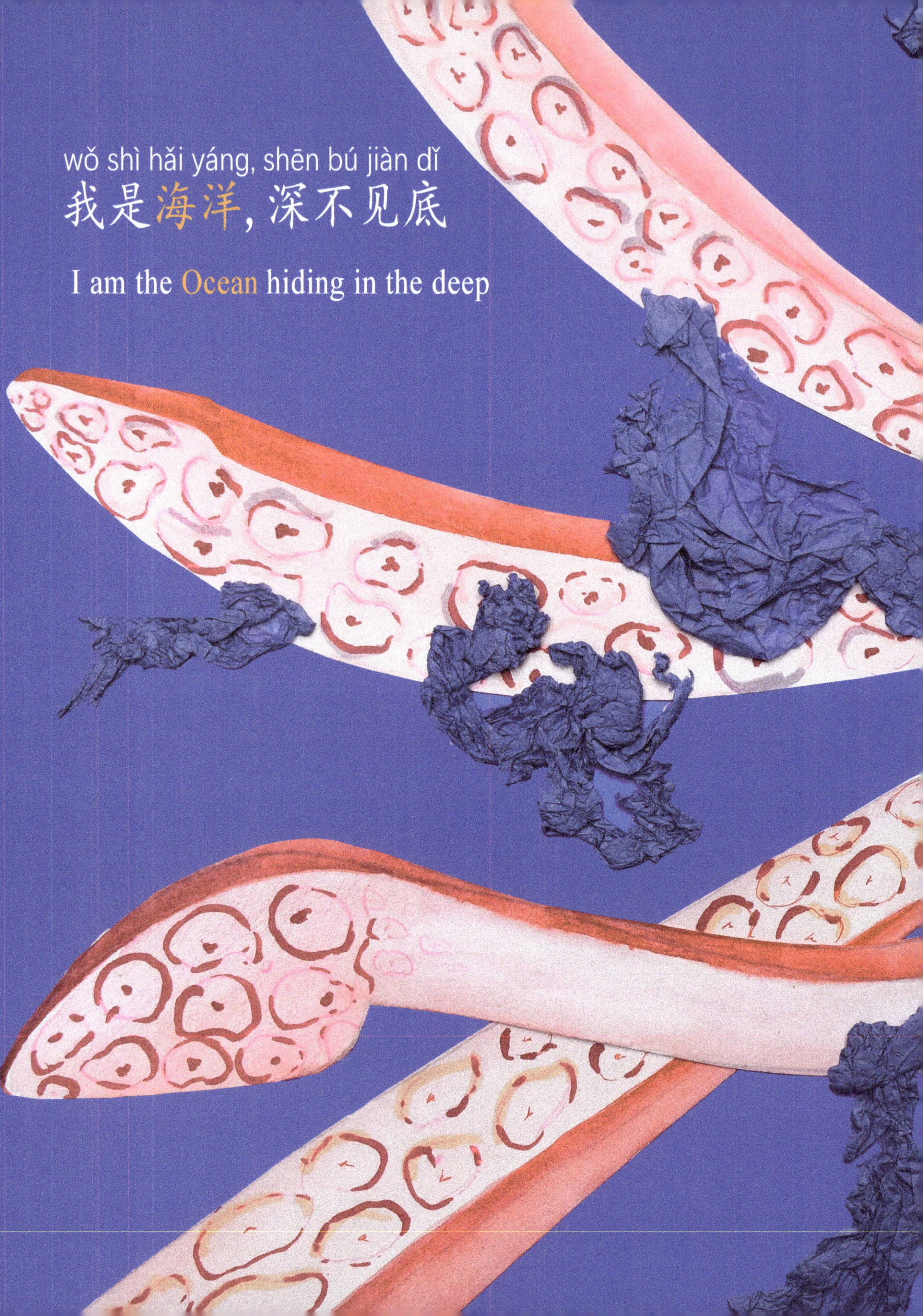

wǒ shì yǔ, shì xuě, yě shì yún
我是雨，是雪，也是云

wǒ shì shuí? shuō shuō kàn!
我是谁？说说看！

I am the Rain, the Snow, and the Clouds

Who am I? Say it out LOUD!

TER

dòng wù
动物

Animals

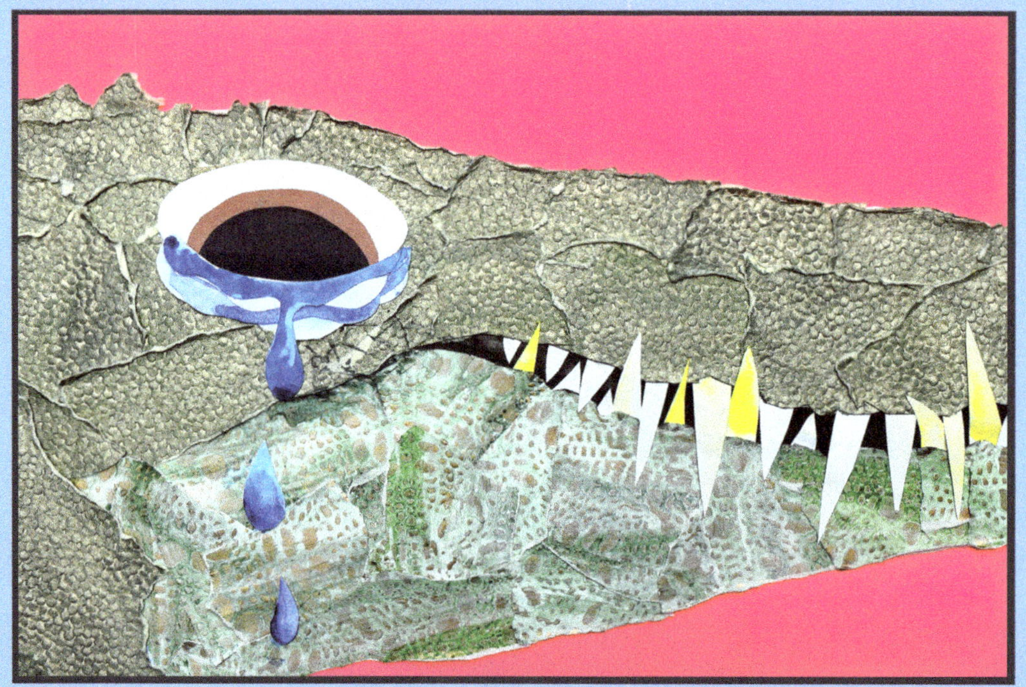

è yú
鳄鱼

chán chú

蟾蜍

yú

鱼

wū guī
乌龟

hé lí
河狸

hǎi ōu

海鸥

huǒ liè niǎo

火烈鸟

wū zéi
乌贼

qǐ é

企鹅

liàng cí

量词

Learn Chinese Measure Words

What is Measure Words in Chinese?

In Chinese, Measure Words (量词) *are used when we count things. For example, in English you can say "one book" but in Chinese you need to say "one [measure word] book." Different things take different measure words based on their types, features, shapes, containers, and units.*

Measure Words Challenges!

No. 1: Connect the right measure words

一	（　　）	池塘	滴
一	（　　）	泪	个
一	（　　）	河	排
一	（　　）	湖	条
一	（　　）	浪	片

Measure Words Challenges!

No. 2: Fill in the blanks

一	（　　）	花	one flower
两	（　　）	牛	two cows
三	（　　）	鸟	three birds
四	（　　）	鱼	four fish
五	（　　）	石头	five stones

Measure Words Challenges!

No. 3: Fill in the blanks

六（　　）树　six trees

七（　　）山　seven mountains

八（　　）雨　eight raindrops

九（　　）雪花　nine snowflakes

十（　　）人　ten people

答案 *Answers*

No. 1

一 （　　）池塘	滴
一 （　　）泪	个
一 （　　）河	排
一 （　　）湖	条
一 （　　）浪	片

No.2

一 （ 朵 ） 花	one flower
两 （ 头 ） 牛	two cows
三 （ 只 ） 鸟	three birds
四 （ 条 ） 鱼	four fish
五 （ 块 ） 石头	five stones

No. 3

六 （ 棵 ） 树	six trees
七 （ 座 ） 山	seven mountains
八 （ 滴 ） 雨	eight raindrops
九 （ 片 ） 雪花	nine snowflakes
十 （ 个 ） 人	ten people

八 只 双

头 座

三

位 五 一

七

条 两 六

十 个 四 九

ROCK CREEK
MILL
TO DUPONT CIRCLE
337-2288
DENT

黄坤在美国乔治亚州长大。她的诗歌和绘画曾赢得多项全国及国际奖项。《一滴泪》出版时作者年仅十三岁。

Alexandra K. Huynh grew up in the U.S. state of Georgia. She has won multiple national and international awards for her poetry and artwork. She was 13 years old when published *From Tears to the Sea*.